Auftragsbuch

von: _____

bis: _____

Kunde: _____ **Kundennr.:** _____

Kontakt: _____

Bestellung vom: _____ **Bestellnr.:** _____

Termin: _____ ○ **Lieferung** ○ **Abholung**

Artikel	Anzahl	Preis
	Summe	

Notizen:
_____
_____
_____
_____
_____
_____
_____
_____

○ **erledigt**   ○ **bezahlt**

Kunde: _____ **Kundennr.:** _____

Kontakt: _____

Bestellung vom: _____ **Bestellnr.:** _____

Termin: _____ ○ Lieferung ○ Abholung

Artikel	Anzahl	Preis
	Summe	

Notizen: _____

_____

_____

_____

_____

_____

_____

_____

○ erledigt   ○ bezahlt

Kunde: _____ **Kundennr.:** _____

Kontakt: _____

Bestellung vom: _____ **Bestellnr.:** _____

Termin: _____ ○ **Lieferung** ○ **Abholung**

Artikel	Anzahl	Preis
	Summe	

Notizen: _____

_____

_____

_____

_____

_____

_____

_____

○ **erledigt**   ○ **bezahlt**

Kunde: _____   **Kundennr.:** _____

Kontakt: _____

Bestellung vom: _____   **Bestellnr.:** _____

Termin: _____   ○ **Lieferung**   ○ **Abholung**

Artikel	Anzahl	Preis
	Summe	

Notizen: _____
_____
_____
_____
_____
_____
_____
_____

○ **erledigt**   ○ **bezahlt**

Kunde: _____ **Kundennr.:** _____

Kontakt: _____

Bestellung vom: _____ **Bestellnr.:** _____

Termin: _____ ○ **Lieferung** ○ **Abholung**

Artikel	Anzahl	Preis

Summe

Notizen: _____

_____

_____

_____

_____

_____

_____

_____

○ **erledigt**   ○ **bezahlt**

Kunde: _____ **Kundennr.:** _____

Kontakt: _____

Bestellung vom: _____ **Bestellnr.:** _____

Termin: _____ ○ **Lieferung** ○ **Abholung**

Artikel	Anzahl	Preis
	Summe	

Notizen: _____

_____

_____

_____

_____

_____

_____

_____

○ **erledigt**   ○ **bezahlt**

Kunde: _____   **Kundennr.:** _____

Kontakt: _____

Bestellung vom: _____   **Bestellnr.:** _____

Termin: _____   ○ **Lieferung**   ○ **Abholung**

Artikel	Anzahl	Preis

Summe

Notizen: _____

_____

_____

_____

_____

_____

_____

_____

○ **erledigt**   ○ **bezahlt**

Kunde: _____ **Kundennr.:** _____

Kontakt: _____

Bestellung vom: _____ **Bestellnr.:** _____

Termin: _____ ○ **Lieferung** ○ **Abholung**

Artikel	Anzahl	Preis
	Summe	

Notizen: _____

_____

_____

_____

_____

_____

_____

_____

○ **erledigt**   ○ **bezahlt**

Kunde: _____ **Kundennr.:** _____

Kontakt: _____

Bestellung vom: _____ **Bestellnr.:** _____

Termin: _____ ○ Lieferung ○ Abholung

Artikel	Anzahl	Preis
	Summe	

Notizen: _____

_____

_____

_____

_____

_____

_____

_____

○ erledigt   ○ bezahlt

Kunde: _____ **Kundennr.:** _____

Kontakt: _____

Bestellung vom: _____ **Bestellnr.:** _____

Termin: _____ ○ **Lieferung** ○ **Abholung**

Artikel	Anzahl	Preis
	Summe	

Notizen: _____

_____

_____

_____

_____

_____

_____

_____

○ **erledigt**   ○ **bezahlt**

Kunde: _____   **Kundennr.:** _____

Kontakt: _____

Bestellung vom: _____   **Bestellnr.:** _____

Termin: _____   ○ **Lieferung**   ○ **Abholung**

Artikel	Anzahl	Preis
	Summe	

Notizen: _____

_____

_____

_____

_____

_____

_____

_____

○ **erledigt**   ○ **bezahlt**

Kunde: _____ **Kundennr.:** _____

Kontakt: _____

Bestellung vom: _____ **Bestellnr.:** _____

Termin: _____ ○ **Lieferung** ○ **Abholung**

Artikel	Anzahl	Preis
	Summe	

Notizen: _____

_____

_____

_____

_____

_____

_____

_____

○ **erledigt**   ○ **bezahlt**

Kunde: _____ **Kundennr.:** _____

Kontakt: _____

Bestellung vom: _____ **Bestellnr.:** _____

Termin: _____ ○ Lieferung   ○ Abholung

Artikel	Anzahl	Preis
	Summe	

Notizen: _____

_____

_____

_____

_____

_____

_____

_____

○ erledigt   ○ bezahlt

Kunde: _____ **Kundennr.:** _____

Kontakt: _____

Bestellung vom: _____ **Bestellnr.:** _____

Termin: _____ ○ Lieferung ○ Abholung

Artikel	Anzahl	Preis
	Summe	

Notizen: _____

_____

_____

_____

_____

_____

_____

_____

○ erledigt   ○ bezahlt

Kunde: _____   **Kundennr.:** _____

Kontakt: _____

Bestellung vom: _____   **Bestellnr.:** _____

Termin: _____   ○ Lieferung   ○ Abholung

Artikel	Anzahl	Preis
	Summe	

Notizen: _____

_____

_____

_____

_____

_____

_____

_____

○ erledigt   ○ bezahlt

Kunde: _____ **Kundennr.:** _____

Kontakt: _____

Bestellung vom: _____ **Bestellnr.:** _____

Termin: _____ ○ **Lieferung**   ○ **Abholung**

Artikel	Anzahl	Preis
	Summe	

Notizen: _____
_____
_____
_____
_____
_____
_____
_____

○ **erledigt**   ○ **bezahlt**

Kunde: _____ **Kundennr.:** _____

Kontakt: _____

Bestellung vom: _____ **Bestellnr.:** _____

Termin: _____ ○ **Lieferung** ○ **Abholung**

Artikel	Anzahl	Preis

Summe

Notizen: _____

_____

_____

_____

_____

_____

_____

_____

○ **erledigt**   ○ **bezahlt**

Kunde: _____ **Kundennr.:** _____

Kontakt: _____

Bestellung vom: _____ **Bestellnr.:** _____

Termin: _____ ○ Lieferung ○ Abholung

Artikel	Anzahl	Preis
	Summe	

Notizen: _____
_____
_____
_____
_____
_____
_____
_____

○ erledigt   ○ bezahlt

Kunde: _____   **Kundennr.:** _____

Kontakt: _____

Bestellung vom: _____   **Bestellnr.:** _____

Termin: _____   ○ **Lieferung**   ○ **Abholung**

Artikel	Anzahl	Preis
	Summe	

Notizen: _____

_____

_____

_____

_____

_____

_____

_____

○ **erledigt**   ○ **bezahlt**

Kunde: _____   **Kundennr.:** _____

Kontakt: _____

Bestellung vom: _____   **Bestellnr.:** _____

Termin: _____   ○ **Lieferung**   ○ **Abholung**

Artikel	Anzahl	Preis
	Summe	

Notizen: _____

_____

_____

_____

_____

_____

_____

_____

○ **erledigt**   ○ **bezahlt**

Kunde: _____ **Kundennr.:** _____

Kontakt: _____

Bestellung vom: _____ **Bestellnr.:** _____

Termin: _____ ◯ **Lieferung**   ◯ **Abholung**

Artikel	Anzahl	Preis
	Summe	

Notizen: _____

_____

_____

_____

_____

_____

_____

_____

◯ **erledigt**   ◯ **bezahlt**

Kunde: _____   **Kundennr.:** _____

Kontakt: _____

Bestellung vom: _____   **Bestellnr.:** _____

Termin: _____   ○ **Lieferung**   ○ **Abholung**

Artikel	Anzahl	Preis
	Summe	

Notizen: _____
_____
_____
_____
_____
_____
_____
_____

○ **erledigt**   ○ **bezahlt**

Kunde: _____ **Kundennr.:** _____

Kontakt: _____

Bestellung vom: _____ **Bestellnr.:** _____

Termin: _____ ○ **Lieferung** ○ **Abholung**

Artikel	Anzahl	Preis
	Summe	

Notizen: _____

_____

_____

_____

_____

_____

_____

_____

○ **erledigt**   ○ **bezahlt**

Kunde: _____ **Kundennr.:** _____

Kontakt: _____

Bestellung vom: _____ **Bestellnr.:** _____

Termin: _____ ○ Lieferung ○ Abholung

Artikel	Anzahl	Preis
	Summe	

Notizen: _____

_____

_____

_____

_____

_____

_____

_____

○ erledigt ○ bezahlt

Kunde: ------------------------------------ **Kundennr.:** -------------

Kontakt: --

Bestellung vom: ----------------------- **Bestellnr.:** -------------

Termin: ----------------------- ○ **Lieferung** ○ **Abholung**

Artikel	Anzahl	Preis
	Summe	

Notizen: ---

○ **erledigt**   ○ **bezahlt**

Kunde: _____ **Kundennr.:** _____

Kontakt: _____

Bestellung vom: _____ **Bestellnr.:** _____

Termin: _____ ○ **Lieferung** ○ **Abholung**

Artikel	Anzahl	Preis
	Summe	

Notizen: _____

_____

_____

_____

_____

_____

_____

_____

○ **erledigt** ○ **bezahlt**

Kunde: _____ **Kundennr.:** _____

Kontakt: _____

Bestellung vom: _____ **Bestellnr.:** _____

Termin: _____ ○ **Lieferung**   ○ **Abholung**

Artikel	Anzahl	Preis
	Summe	

Notizen:
_____
_____
_____
_____
_____
_____
_____
_____

○ **erledigt**   ○ **bezahlt**

Kunde: _____ **Kundennr.:** _____

Kontakt: _____

Bestellung vom: _____ **Bestellnr.:** _____

Termin: _____ ○ **Lieferung**   ○ **Abholung**

Artikel	Anzahl	Preis
	Summe	

Notizen: _____
_____
_____
_____
_____
_____
_____
_____

○ **erledigt**   ○ **bezahlt**

Kunde: _____ **Kundennr.:** _____

Kontakt: _____

Bestellung vom: _____ **Bestellnr.:** _____

Termin: _____ ◯ Lieferung ◯ Abholung

Artikel	Anzahl	Preis
	Summe	

Notizen: _____

_____

_____

_____

_____

_____

_____

_____

◯ erledigt   ◯ bezahlt

Kunde: _____   **Kundennr.:** _____

Kontakt: _____

Bestellung vom: _____   **Bestellnr.:** _____

Termin: _____   ○ Lieferung   ○ Abholung

Artikel	Anzahl	Preis
	Summe	

Notizen: _____

_____

_____

_____

_____

_____

_____

_____

○ erledigt   ○ bezahlt

Kunde: _____ **Kundennr.:** _____

Kontakt: _____

Bestellung vom: _____ **Bestellnr.:** _____

Termin: _____ ○ **Lieferung**   ○ **Abholung**

Artikel	Anzahl	Preis

Summe

Notizen: _____

_____

_____

_____

_____

_____

_____

_____

○ **erledigt**   ○ **bezahlt**

Kunde: _____   **Kundennr.:** _____

Kontakt: _____

Bestellung vom: _____   **Bestellnr.:** _____

Termin: _____   ○ **Lieferung**   ○ **Abholung**

Artikel	Anzahl	Preis
	Summe	

Notizen: _____

_____

_____

_____

_____

_____

_____

_____

○ **erledigt**   ○ **bezahlt**

Kunde: _____ **Kundennr.:** _____

Kontakt: _____

Bestellung vom: _____ **Bestellnr.:** _____

Termin: _____ ○ **Lieferung** ○ **Abholung**

Artikel	Anzahl	Preis
Summe		

Notizen: _____

_____

_____

_____

_____

_____

_____

_____

○ **erledigt**　　　　○ **bezahlt**

Kunde: _____ **Kundennr.:** _____

Kontakt: _____

Bestellung vom: _____ **Bestellnr.:** _____

Termin: _____ ○ **Lieferung** ○ **Abholung**

Artikel	Anzahl	Preis
	Summe	

Notizen: _____

_____

_____

_____

_____

_____

_____

_____

○ **erledigt**   ○ **bezahlt**

Kunde: _____ **Kundennr.:** _____

Kontakt: _____

Bestellung vom: _____ **Bestellnr.:** _____

Termin: _____ ○ **Lieferung** ○ **Abholung**

Artikel	Anzahl	Preis
	Summe	

Notizen: _____

_____

_____

_____

_____

_____

_____

_____

○ **erledigt** ○ **bezahlt**

Kunde: _____   **Kundennr.:** _____

Kontakt: _____

Bestellung vom: _____   **Bestellnr.:** _____

Termin: _____   ○ **Lieferung**   ○ **Abholung**

Artikel	Anzahl	Preis
	Summe	

Notizen: _____

_____

_____

_____

_____

_____

_____

_____

○ **erledigt**   ○ **bezahlt**

Kunde: _____ **Kundennr.:** _____

Kontakt: _____

Bestellung vom: _____ **Bestellnr.:** _____

Termin: _____ ◯ **Lieferung** ◯ **Abholung**

Artikel	Anzahl	Preis
	Summe	

Notizen: _____
_____
_____
_____
_____
_____
_____
_____

◯ **erledigt** ◯ **bezahlt**

Kunde: _____ **Kundennr.:** _____

Kontakt: _____

Bestellung vom: _____ **Bestellnr.:** _____

Termin: _____ ○ **Lieferung** ○ **Abholung**

Artikel	Anzahl	Preis
	Summe	

Notizen: _____

_____

_____

_____

_____

_____

_____

_____

○ **erledigt**   ○ **bezahlt**

Kunde: _____ **Kundennr.:** _____

Kontakt: _____

Bestellung vom: _____ **Bestellnr.:** _____

Termin: _____ ○ Lieferung ○ Abholung

Artikel	Anzahl	Preis
	Summe	

Notizen: _____

_____

_____

_____

_____

_____

_____

_____

○ erledigt ○ bezahlt

Kunde: _____ **Kundennr.:** _____

Kontakt: _____

Bestellung vom: _____ **Bestellnr.:** _____

Termin: _____ ○ **Lieferung** ○ **Abholung**

Artikel	Anzahl	Preis
	Summe	

Notizen: _____
_____
_____
_____
_____
_____
_____
_____

○ **erledigt**   ○ **bezahlt**

Kunde: _____ **Kundennr.:** _____

Kontakt: _____

Bestellung vom: _____ **Bestellnr.:** _____

Termin: _____ ○ **Lieferung** ○ **Abholung**

Artikel	Anzahl	Preis
	Summe	

Notizen: _____
_____
_____
_____
_____
_____
_____
_____

○ **erledigt**   ○ **bezahlt**

Kunde: _____ **Kundennr.:** _____

Kontakt: _____

Bestellung vom: _____ **Bestellnr.:** _____

Termin: _____ ○ **Lieferung** ○ **Abholung**

Artikel	Anzahl	Preis
	Summe	

Notizen: _____

_____

_____

_____

_____

_____

_____

_____

○ **erledigt**   ○ **bezahlt**

Kunde: _____   **Kundennr.:** _____

Kontakt: _____

Bestellung vom: _____   **Bestellnr.:** _____

Termin: _____   ○ **Lieferung**   ○ **Abholung**

Artikel	Anzahl	Preis
	Summe	

Notizen: _____

_____

_____

_____

_____

_____

_____

_____

○ **erledigt**   ○ **bezahlt**

Kunde: _____ **Kundennr.:** _____

Kontakt: _____

Bestellung vom: _____ **Bestellnr.:** _____

Termin: _____ ○ **Lieferung** ○ **Abholung**

Artikel	Anzahl	Preis
	Summe	

Notizen: _____

_____

_____

_____

_____

_____

_____

_____

○ **erledigt**   ○ **bezahlt**

Kunde: _____ **Kundennr.:** _____

Kontakt: _____

Bestellung vom: _____ **Bestellnr.:** _____

Termin: _____ ○ **Lieferung**   ○ **Abholung**

Artikel	Anzahl	Preis
	Summe	

Notizen: _____

_____

_____

_____

_____

_____

_____

_____

○ **erledigt**   ○ **bezahlt**

Kunde: _____ **Kundennr.:** _____

Kontakt: _____

Bestellung vom: _____ **Bestellnr.:** _____

Termin: _____ ○ **Lieferung** ○ **Abholung**

Artikel	Anzahl	Preis
	Summe	

Notizen: _____
_____
_____
_____
_____
_____
_____
_____

○ **erledigt**   ○ **bezahlt**

Kunde: ---------------------------------- **Kundennr.:** -------------

Kontakt: --

Bestellung vom: --------------------- **Bestellnr.:** -------------

Termin: --------------------- ○ **Lieferung** ○ **Abholung**

Artikel	Anzahl	Preis
	Summe	

Notizen: --

○ **erledigt**   ○ **bezahlt**

Kunde: _____ **Kundennr.:** _____

Kontakt: _____

Bestellung vom: _____ **Bestellnr.:** _____

Termin: _____ ○ **Lieferung**   ○ **Abholung**

Artikel	Anzahl	Preis
	Summe	

Notizen:
_____
_____
_____
_____
_____
_____
_____
_____

○ **erledigt**   ○ **bezahlt**

Kunde: _____   **Kundennr.:** _____

Kontakt: _____

Bestellung vom: _____   **Bestellnr.:** _____

Termin: _____   ○ **Lieferung**   ○ **Abholung**

Artikel	Anzahl	Preis
Summe		

Notizen: _____

_____

_____

_____

_____

_____

_____

_____

○ **erledigt**   ○ **bezahlt**

Kunde: _____ **Kundennr.:** _____

Kontakt: _____

Bestellung vom: _____ **Bestellnr.:** _____

Termin: _____ ○ **Lieferung** ○ **Abholung**

Artikel	Anzahl	Preis
	Summe	

Notizen: _____
_____
_____
_____
_____
_____
_____
_____

○ **erledigt**   ○ **bezahlt**

Kunde: _____ **Kundennr.:** _____

Kontakt: _____

Bestellung vom: _____ **Bestellnr.:** _____

Termin: _____ ○ **Lieferung** ○ **Abholung**

Artikel	Anzahl	Preis
	Summe	

Notizen: _____

_____

_____

_____

_____

_____

_____

_____

○ **erledigt** ○ **bezahlt**

Kunde: _____ **Kundennr.:** _____

Kontakt: _____

Bestellung vom: _____ **Bestellnr.:** _____

Termin: _____ ○ **Lieferung** ○ **Abholung**

Artikel	Anzahl	Preis
	Summe	

Notizen: _____

_____

_____

_____

_____

_____

_____

_____

○ **erledigt**   ○ **bezahlt**

Kunde: _____ **Kundennr.:** _____

Kontakt: _____

Bestellung vom: _____ **Bestellnr.:** _____

Termin: _____ ○ Lieferung ○ Abholung

Artikel	Anzahl	Preis
Summe		

Notizen: _____

_____

_____

_____

_____

_____

_____

_____

○ erledigt   ○ bezahlt

Kunde: _____ **Kundennr.:** _____

Kontakt: _____

Bestellung vom: _____ **Bestellnr.:** _____

Termin: _____ ○ Lieferung ○ Abholung

Artikel	Anzahl	Preis
	Summe	

Notizen: _____

_____

_____

_____

_____

_____

_____

_____

○ erledigt   ○ bezahlt

Kunde: _____ **Kundennr.:** _____

Kontakt: _____

Bestellung vom: _____ **Bestellnr.:** _____

Termin: _____ ○ **Lieferung** ○ **Abholung**

Artikel	Anzahl	Preis
	Summe	

Notizen: _____
_____
_____
_____
_____
_____
_____
_____

○ **erledigt**   ○ **bezahlt**

Kunde: _____ **Kundennr.:** _____

Kontakt: _____

Bestellung vom: _____ **Bestellnr.:** _____

Termin: _____ ○ **Lieferung** ○ **Abholung**

Artikel	Anzahl	Preis
	Summe	

Notizen: _____

_____

_____

_____

_____

_____

_____

_____

○ **erledigt**   ○ **bezahlt**

Kunde: _____ **Kundennr.:** _____

Kontakt: _____

Bestellung vom: _____ **Bestellnr.:** _____

Termin: _____ ○ **Lieferung** ○ **Abholung**

Artikel	Anzahl	Preis
	Summe	

Notizen: _____
_____
_____
_____
_____
_____
_____
_____

○ **erledigt**   ○ **bezahlt**

Kunde: _____ **Kundennr.:** _____

Kontakt: _____

Bestellung vom: _____ **Bestellnr.:** _____

Termin: _____ ○ Lieferung ○ Abholung

Artikel	Anzahl	Preis
	Summe	

Notizen: _____

_____

_____

_____

_____

_____

_____

_____

○ erledigt   ○ bezahlt

Kunde: _____ **Kundennr.:** _____

Kontakt: _____

Bestellung vom: _____ **Bestellnr.:** _____

Termin: _____ ○ **Lieferung** ○ **Abholung**

Artikel	Anzahl	Preis
	Summe	

Notizen: _____

_____

_____

_____

_____

_____

_____

_____

○ **erledigt**   ○ **bezahlt**

Kunde: _____ **Kundennr.:** _____

Kontakt: _____

Bestellung vom: _____ **Bestellnr.:** _____

Termin: _____ ○ **Lieferung** ○ **Abholung**

Artikel	Anzahl	Preis
	Summe	

Notizen: _____
_____
_____
_____
_____
_____
_____
_____

○ **erledigt**   ○ **bezahlt**

Kunde: _____ **Kundennr.:** _____

Kontakt: _____

Bestellung vom: _____ **Bestellnr.:** _____

Termin: _____ ○ **Lieferung** ○ **Abholung**

Artikel	Anzahl	Preis
	Summe	

Notizen: _____
_____
_____
_____
_____
_____
_____
_____

○ **erledigt**   ○ **bezahlt**

Kunde: _____ **Kundennr.:** _____

Kontakt: _____

Bestellung vom: _____ **Bestellnr.:** _____

Termin: _____ ○ Lieferung ○ Abholung

Artikel	Anzahl	Preis
	Summe	

Notizen: _____

_____

_____

_____

_____

_____

_____

_____

○ erledigt ○ bezahlt

Kunde: _____ **Kundennr.:** _____

Kontakt: _____

Bestellung vom: _____ **Bestellnr.:** _____

Termin: _____ ○ Lieferung ○ Abholung

Artikel	Anzahl	Preis
	Summe	

Notizen: _____

_____

_____

_____

_____

_____

_____

_____

○ erledigt ○ bezahlt

Kunde: _____ **Kundennr.:** _____

Kontakt: _____

Bestellung vom: _____ **Bestellnr.:** _____

Termin: _____ ○ **Lieferung**   ○ **Abholung**

Artikel	Anzahl	Preis
	Summe	

Notizen: _____

_____

_____

_____

_____

_____

_____

_____

○ **erledigt**   ○ **bezahlt**

Kunde: _____   **Kundennr.:** _____

Kontakt: _____

Bestellung vom: _____   **Bestellnr.:** _____

Termin: _____   ○ **Lieferung**   ○ **Abholung**

Artikel	Anzahl	Preis
	Summe	

Notizen: _____
_____
_____
_____
_____
_____
_____
_____

○ **erledigt**   ○ **bezahlt**

Kunde: _____ **Kundennr.:** _____

Kontakt: _____

Bestellung vom: _____ **Bestellnr.:** _____

Termin: _____ ○ Lieferung ○ Abholung

Artikel	Anzahl	Preis
	Summe	

Notizen: _____

_____

_____

_____

_____

_____

_____

_____

○ erledigt ○ bezahlt

Kunde: -- **Kundennr.:** ----------------

Kontakt: --

Bestellung vom: ---------------------------- **Bestellnr.:** ----------------

Termin: ---------------------- ○ **Lieferung**   ○ **Abholung**

Artikel	Anzahl	Preis
	Summe	

Notizen: ---

○ **erledigt**   ○ **bezahlt**

Kunde: _____ **Kundennr.:** _____

Kontakt: _____

Bestellung vom: _____ **Bestellnr.:** _____

Termin: _____ ○ Lieferung ○ Abholung

Artikel	Anzahl	Preis
	Summe	

Notizen: _____

_____

_____

_____

_____

_____

_____

_____

○ erledigt ○ bezahlt

Kunde: ------------------------------------ **Kundennr.:** --------------

Kontakt: --

Bestellung vom: -------------------------- **Bestellnr.:** --------------

Termin: ---------------------- ○ **Lieferung**   ○ **Abholung**

Artikel	Anzahl	Preis
	Summe	

Notizen: ---

○ **erledigt**   ○ **bezahlt**

Kunde: _____ **Kundennr.:** _____

Kontakt: _____

Bestellung vom: _____ **Bestellnr.:** _____

Termin: _____ ○ Lieferung ○ Abholung

Artikel	Anzahl	Preis
	Summe	

Notizen: _____

_____

_____

_____

_____

_____

_____

_____

○ erledigt   ○ bezahlt

Kunde: _____ **Kundennr.:** _____

Kontakt: _____

Bestellung vom: _____ **Bestellnr.:** _____

Termin: _____ ○ **Lieferung** ○ **Abholung**

Artikel	Anzahl	Preis
Summe		

Notizen: _____

_____

_____

_____

_____

_____

_____

_____

○ **erledigt**   ○ **bezahlt**

Kunde: _____ **Kundennr.:** _____

Kontakt: _____

Bestellung vom: _____ **Bestellnr.:** _____

Termin: _____ ○ **Lieferung**   ○ **Abholung**

Artikel	Anzahl	Preis
	Summe	

Notizen: _____

_____

_____

_____

_____

_____

_____

_____

○ **erledigt**   ○ **bezahlt**

Kunde: _____ **Kundennr.:** _____

Kontakt: _____

Bestellung vom: _____ **Bestellnr.:** _____

Termin: _____ ○ **Lieferung** ○ **Abholung**

Artikel	Anzahl	Preis

Summe

Notizen: _____

_____

_____

_____

_____

_____

_____

_____

○ **erledigt** ○ **bezahlt**

Kunde: _____ **Kundennr.:** _____

Kontakt: _____

Bestellung vom: _____ **Bestellnr.:** _____

Termin: _____ ○ Lieferung ○ Abholung

Artikel	Anzahl	Preis
	Summe	

Notizen: _____

_____

_____

_____

_____

_____

_____

_____

○ erledigt ○ bezahlt

Kunde: _____ **Kundennr.:** _____

Kontakt: _____

Bestellung vom: _____ **Bestellnr.:** _____

Termin: _____ ○ **Lieferung** ○ **Abholung**

Artikel	Anzahl	Preis
	Summe	

Notizen: _____
_____
_____
_____
_____
_____
_____
_____

○ **erledigt**   ○ **bezahlt**

Kunde: _____ **Kundennr.:** _____

Kontakt: _____

Bestellung vom: _____ **Bestellnr.:** _____

Termin: _____ ○ **Lieferung** ○ **Abholung**

Artikel	Anzahl	Preis
	Summe	

Notizen: _____

_____

_____

_____

_____

_____

_____

_____

○ **erledigt** ○ **bezahlt**

Kunde: _____ **Kundennr.:** _____

Kontakt: _____

Bestellung vom: _____ **Bestellnr.:** _____

Termin: _____ ○ Lieferung ○ Abholung

Artikel	Anzahl	Preis
	Summe	

Notizen: _____

_____

_____

_____

_____

_____

_____

_____

○ erledigt   ○ bezahlt

Kunde: _____ **Kundennr.:** _____

Kontakt: _____

Bestellung vom: _____ **Bestellnr.:** _____

Termin: _____ ○ Lieferung ○ Abholung

Artikel	Anzahl	Preis
	Summe	

Notizen: _____

_____

_____

_____

_____

_____

_____

_____

○ erledigt   ○ bezahlt

Kunde: _____ **Kundennr.:** _____

Kontakt: _____

Bestellung vom: _____ **Bestellnr.:** _____

Termin: _____ ○ **Lieferung** ○ **Abholung**

Artikel	Anzahl	Preis
	Summe	

Notizen: _____

_____

_____

_____

_____

_____

_____

_____

○ **erledigt**   ○ **bezahlt**

Kunde: _____ **Kundennr.:** _____

Kontakt: _____

Bestellung vom: _____ **Bestellnr.:** _____

Termin: _____ ○ **Lieferung** ○ **Abholung**

Artikel	Anzahl	Preis
	Summe	

Notizen: _____

_____

_____

_____

_____

_____

_____

_____

○ **erledigt**   ○ **bezahlt**

Kunde: _____ **Kundennr.:** _____

Kontakt: _____

Bestellung vom: _____ **Bestellnr.:** _____

Termin: _____ ○ **Lieferung**   ○ **Abholung**

Artikel	Anzahl	Preis
	Summe	

Notizen: _____

○ **erledigt**   ○ **bezahlt**

Kunde: _____   **Kundennr.:** _____

Kontakt: _____

Bestellung vom: _____   **Bestellnr.:** _____

Termin: _____   ○ **Lieferung**   ○ **Abholung**

Artikel	Anzahl	Preis
	Summe	

Notizen: _____

_____

_____

_____

_____

_____

_____

_____

○ **erledigt**   ○ **bezahlt**

Kunde: _____ **Kundennr.:** _____

Kontakt: _____

Bestellung vom: _____ **Bestellnr.:** _____

Termin: _____ ○ **Lieferung** ○ **Abholung**

Artikel	Anzahl	Preis
	Summe	

Notizen: _____
_____
_____
_____
_____
_____
_____
_____

○ **erledigt**   ○ **bezahlt**

Kunde: _____ **Kundennr.:** _____

Kontakt: _____

Bestellung vom: _____ **Bestellnr.:** _____

Termin: _____ ○ Lieferung ○ Abholung

Artikel	Anzahl	Preis
	Summe	

Notizen: _____

_____

_____

_____

_____

_____

_____

_____

○ erledigt   ○ bezahlt

Kunde: _____   **Kundennr.:** _____

Kontakt: _____

Bestellung vom: _____   **Bestellnr.:** _____

Termin: _____   ○ **Lieferung**   ○ **Abholung**

Artikel	Anzahl	Preis
	Summe	

Notizen: _____
_____
_____
_____
_____
_____
_____
_____

○ **erledigt**   ○ **bezahlt**

Kunde: _____ **Kundennr.:** _____

Kontakt: _____

Bestellung vom: _____ **Bestellnr.:** _____

Termin: _____ ○ **Lieferung** ○ **Abholung**

Artikel	Anzahl	Preis
	Summe	

Notizen: _____
_____
_____
_____
_____
_____
_____
_____

○ **erledigt** ○ **bezahlt**

Kunde: _____ **Kundennr.:** _____

Kontakt: _____

Bestellung vom: _____ **Bestellnr.:** _____

Termin: _____ ○ Lieferung ○ Abholung

Artikel	Anzahl	Preis
	Summe	

Notizen: _____

_____

_____

_____

_____

_____

_____

_____

○ erledigt ○ bezahlt

Kunde: _____ **Kundennr.:** _____

Kontakt: _____

Bestellung vom: _____ **Bestellnr.:** _____

Termin: _____ ○ **Lieferung** ○ **Abholung**

Artikel	Anzahl	Preis
	Summe	

Notizen: _____

_____

_____

_____

_____

_____

_____

_____

○ **erledigt**   ○ **bezahlt**

Kunde: _____ **Kundennr.:** _____

Kontakt: _____

Bestellung vom: _____ **Bestellnr.:** _____

Termin: _____   ○ **Lieferung**   ○ **Abholung**

Artikel	Anzahl	Preis
	Summe	

Notizen: _____

_____

_____

_____

_____

_____

_____

_____

○ **erledigt**   ○ **bezahlt**

Kunde: _____ **Kundennr.:** _____

Kontakt: _____

Bestellung vom: _____ **Bestellnr.:** _____

Termin: _____ ○ **Lieferung** ○ **Abholung**

Artikel	Anzahl	Preis
	Summe	

Notizen: _____

_____

_____

_____

_____

_____

_____

_____

○ **erledigt** ○ **bezahlt**

Kunde: _____ **Kundennr.:** _____

Kontakt: _____

Bestellung vom: _____ **Bestellnr.:** _____

Termin: _____ ○ **Lieferung** ○ **Abholung**

Artikel	Anzahl	Preis
Summe		

Notizen: _____

_____

_____

_____

_____

_____

_____

_____

○ **erledigt**   ○ **bezahlt**

Kunde: _____ **Kundennr.:** _____

Kontakt: _____

Bestellung vom: _____ **Bestellnr.:** _____

Termin: _____ ○ **Lieferung** ○ **Abholung**

Artikel	Anzahl	Preis
	Summe	

Notizen: _____

_____

_____

_____

_____

_____

_____

_____

○ **erledigt**   ○ **bezahlt**

Kunde: _____ **Kundennr.:** _____

Kontakt: _____

Bestellung vom: _____ **Bestellnr.:** _____

Termin: _____ ○ **Lieferung**   ○ **Abholung**

Artikel	Anzahl	Preis
	Summe	

Notizen: _____

_____

_____

_____

_____

_____

_____

_____

○ **erledigt**   ○ **bezahlt**

Kunde: _____ **Kundennr.:** _____

Kontakt: _____

Bestellung vom: _____ **Bestellnr.:** _____

Termin: _____ ○ **Lieferung** ○ **Abholung**

Artikel	Anzahl	Preis
	Summe	

Notizen: _____
_____
_____
_____
_____
_____
_____
_____

○ **erledigt**   ○ **bezahlt**

Kunde: _____ **Kundennr.:** _____

Kontakt: _____

Bestellung vom: _____ **Bestellnr.:** _____

Termin: _____ ○ **Lieferung** ○ **Abholung**

Artikel	Anzahl	Preis

Summe

Notizen: _____
_____
_____
_____
_____
_____
_____
_____

○ **erledigt**   ○ **bezahlt**

Kunde: _____ **Kundennr.:** _____

Kontakt: _____

Bestellung vom: _____ **Bestellnr.:** _____

Termin: _____ ○ Lieferung ○ Abholung

Artikel	Anzahl	Preis
Summe		

Notizen: _____
_____
_____
_____
_____
_____
_____
_____

○ erledigt   ○ bezahlt

Kunde: _____ **Kundennr.:** _____

Kontakt: _____

Bestellung vom: _____ **Bestellnr.:** _____

Termin: _____ ○ **Lieferung** ○ **Abholung**

Artikel	Anzahl	Preis
	Summe	

Notizen: _____

_____

_____

_____

_____

_____

_____

_____

○ **erledigt**   ○ **bezahlt**

Kunde: _____ **Kundennr.:** _____

Kontakt: _____

Bestellung vom: _____ **Bestellnr.:** _____

Termin: _____ ○ **Lieferung** ○ **Abholung**

Artikel	Anzahl	Preis
	Summe	

Notizen: _____
_____
_____
_____
_____
_____
_____
_____

○ **erledigt** ○ **bezahlt**

Kunde: _____ **Kundennr.:** _____

Kontakt: _____

Bestellung vom: _____ **Bestellnr.:** _____

Termin: _____ ○ **Lieferung** ○ **Abholung**

Artikel	Anzahl	Preis
	Summe	

Notizen: _____

_____

_____

_____

_____

_____

_____

_____

○ **erledigt**　　　○ **bezahlt**

Inhalt und Gestaltung:
Content and design by:

Andreas Beck
Breiteweg 24
89143 Blaubeuren
Germany

www.ingramcontent.com/pod-product-compliance
Lightning Source LLC
Chambersburg PA
CBHW072227170526
45158CB00002BA/782